DIY
CRAFTS FOR KIDS

Copyright © 2016 Instituto Monsa de Ediciones

Editor, concept, and project director
Josep María Minguet

Co-author
Eva Minguet

Art director, design and layout
Eva Minguet
(Monsa Publications)

Cover design
Eva Minguet
(Monsa Publications)

INSTITUTO MONSA DE EDICIONES
Gravina 43 (08930)
Sant Adrià de Besòs
Barcelona (Spain)
Tlf. +34 93 381 00 50
www.monsa.com
monsa@monsa.com

Visit our official online store!
www.monsashop.com

Follow us on facebook!
facebook.com/monsashop

ISBN: 978-84-16500-10-9
D.L. B 27290-2015
Printed by Cachiman

DIY
CRAFTS FOR KIDS

monsa

INTRO

Love and respect for the environment, a taste for craftsmanship, and the pleasure of creating something for yourself - with your own hands and in your own style - has made D.I.Y. projects one of the most popular trends today.

Children and their fantastic imaginary world are always a source of inspiration for thousands of Handmade jobs, decorative pieces, fun necklaces, and countless educational games to share with them.

In DIY Crafts for Kids, you will find more than 30 handmade works for kids which you can share with the little ones in your home, and in doing so you will make the everyday life of these little geniuses even more beautiful and colourful :)

All of the projects include a step-by-step photo guide with explanatory text to serve as a tutorial.

Now, let's get to work and enjoy!

El amor y el respeto por nuestro entorno, el gusto por lo artesanal y el placer de poder crear algo por ti mismo, con tus propias manos y tu propio estilo al margen de la industria, han hecho que hoy en día el D.I.Y. se haya convertido en uno de los oficios de nueva creación con más auge.

Los niños y su fantástico mundo imaginario, siempre son fuente de inspiración para miles de trabajos Handmade, piezas de decoración, divertidos collares, infinidad de juegos didácticos para compartir con ellos.

En DIY Crafts for Kids, vais a encontrar más de 30 trabajos para niños hechos a mano, para poder gozar con los más pequeños de la casa, y conseguir hacer más bonito y lleno de color el día a día de estos pequeños genios :)

Todos los trabajos incluyen un paso a paso fotográfico con texto explicativo, a modo de tutorial.

Manos a la obra y a disfrutar!

INDEX

FELT TOADSTOOLS

 byGu.etsy.com
gu-tworzy.blogspot.com

MATERIALS / MATERIALES

Red and white felt sheets / Fieltro rojo y blanco
White felt balls / Bolas blancas de fieltro
Thick thread or yarn / Hilo grueso
A needle / Una aguja
Scissors / Tijeras
Stuffing / Relleno
Hot glue / Pegamento fuerte

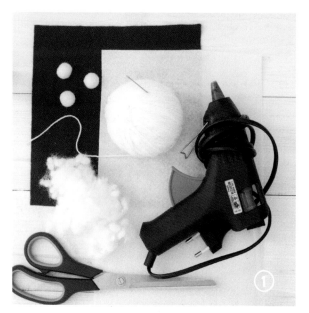

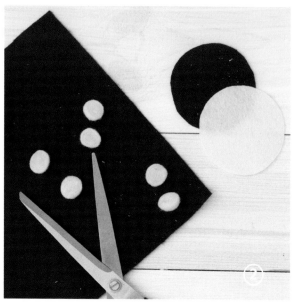

How to:
- Organize your materials.
- Cut circles out of felt sheets and cut felt balls in half.
- Stitch the circles together.
- Stuff the toadstool cap and sew shut.

Cómo se hace:
- Organiza el material.
- Recorta círculos de fieltro y corta las bolas de fieltro por la mitad.
- Cose los círculos blancos a los rojos.
- Rellena el sombrero de la seta y cóselo totalmente.

How to:

• Glue the half balls onto the cap.

• Cut a rectangle out of white felt, roll and glue it to make the stem.

• Glue the stem to the toadstool cap.

• Done! You can use the toadstools to decorate your child's room or hang them on the Christmas tree.

Cómo se hace:

• Pega las mitades de las bolas al sombrero de la seta.

• Recorta un rectángulo de fieltro blanco, haz un cilindro con él y pégalo.

• Pega el tallo al sombrero de la seta.

• Listo. Puedes usar las setas para decorar una habitación infantil o para colgarlas en el árbol de Navidad.

CACTUS PILLOW

 everythingemilyblog.com

MATERIALS / MATERIALES

Sewing machine / Máquina de coser
1/2 yd. Fabric (washed, I always wash my fabric prior to using it) /
1/2 km. Tela (siempre lavar la tela antes de usar)
1 yd. Yarn thread (same color as fabric) / 1 km. Hilo Hilados (del mismo color que la tela)
Needle / Aguja
Scissors / Tijeras
Stuffing / Relleno
Cardboard / Cartón
Pencil / Lápiz
Iron / Hierro
Pins / Botones

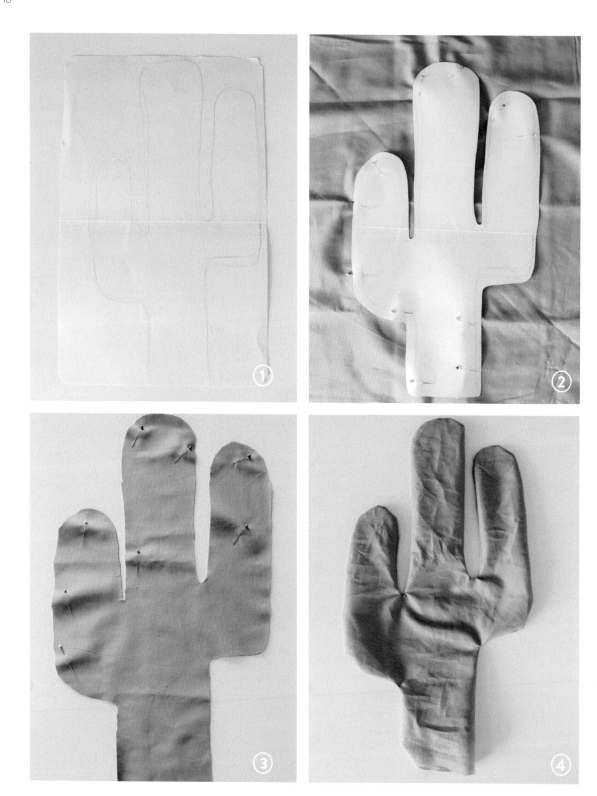

How to:

• Cut your pattern to the desired size using the card.

• Pin your pattern onto the fabric.

• Cut out your pattern.

• Now you will want to pin your fabric so it stays in place before sewing around the entire perimeter of the cactus, leaving a small opening at the stem through which to insert the stuffing. Be sure to sew about 0.5cm in from the edge using a basic stitch.

• Trim any threads and turn your cactus inside out so the seams are hidden.

Cómo se hace:

• Recorta el patrón al tamaño deseado usando un cartón.

• Sujeta con alfileres el patrón a la tela.

• Recorta la tela según el patrón.

• A continuación, sujeta la tela con alfileres para que no se mueva mientras la coses y cose todo el perímetro del cactus dejando una pequeña abertura en la zona del tallo por donde introducir el relleno. Asegúrate de coser con una costura sencilla y dejar una separación de algo más de medio centímetro desde el borde de la tela.

• Corta cualquier hilo que quede y dale la vuelta al cactus para ocultar las costuras.

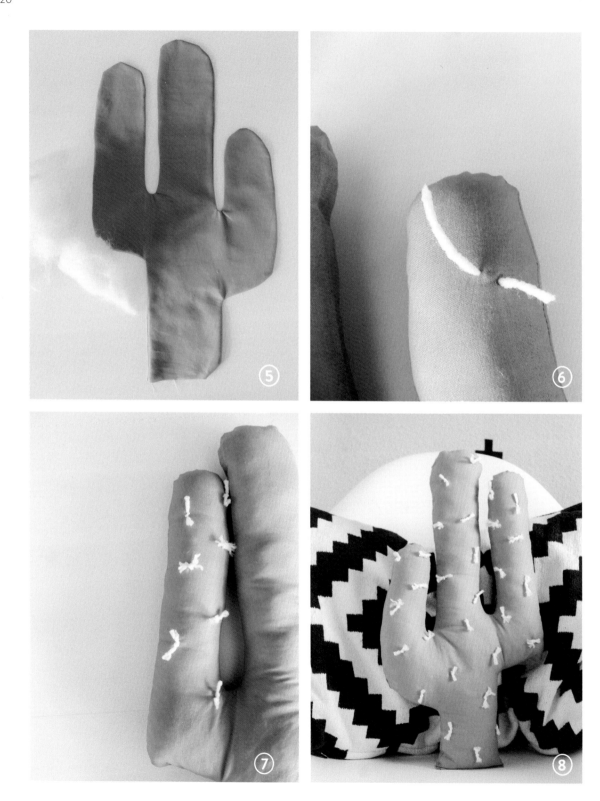

How to:

- Give the cactus a good iron and begin stuffing.
- Stuff the cactus and carefully sew the opening shut.
- Create your cactus spines by threading a needle with yarn through them (see photos).
- Tie yarn pieces together to keep in place.
- Repeat this step until you have the desired number of spines.
- Give your cactus a fluff and it's ready for display!

Cómo se hace:

- Dale un buen planchado al cactus y comienza a rellenarlo.
- Rellena el cactus y cose con cuidado la abertura hasta cerrarla.
- Crea las espinas del cactus enhebrando una aguja con lana (como se ve en las fotos).
- Haz un nudo a las hebras de lana para que no se muevan.
- Repite este paso hasta tener el número de espinas deseado.
- Ahueca un poco tu cactus y listo para disfrutarlo.

WASHI TAPE WALL DECALS

everythingemilyblog.com

MATERIALS / MATERIALES

2 roll black washi tape (10m) / 2 rollos de 10 metros de washi tape en negro
Pencil / Lápiz
Scissors / Tijeras
Hair dryer / Secador de pelo
Thick card (credit card, etc) / Tarjeta (tarjeta de crédito, etc.)

How to:

• Prepare your wall surface by cleaning it with a damp cloth.
• Using your pencil, mark where you want your wall stickers, I placed mine roughly 12cm apart.
• For the stickers cut two 5cm pieces of washi tape and place them over one another in a cross shape.
• After positioning your stickers on the wall, press down with a credit card and then seal them using your hair dryer.

Cómo se hace:
• Prepara la pared limpiándola con un paño húmedo.
• Marca con un lápiz el sitio en el que quieres que vayan las decoraciones de la pared, las mías las puse a una distancia de unos 12 cm.
• Para las decoraciones, corta dos tiras de 5 cm de largo de washi tape y ponlas una sobre la otra formando una cruz.
• Después de poner las decoraciones en la pared, pásales por encima la tarjeta de crédito y séllalas con el secador de pelo.

MEMORY GAME

 www.sonrisasdepapel.es

MATERIALS / MATERIALES

Scissors and cutter / Tijeras y cutter

Glue stick / Pegamento de barra

Double-sided zeal / Celo de doble cara

Popsicle sticks / Palitos de helado

Ruler to measure (to put the ice cream sticks all at the same distance) /

Regla (para colocar los palos de helado todos a una misma distancia)

Cardboard choose color (green) / Cartulina de color a elegir (verde)

White cardboard / Cartulina de color blanco

Template patterns of FRUIT and ice cream LISA template /

Plantillas de patterns de FRUTAS y plantilla de helados LISA

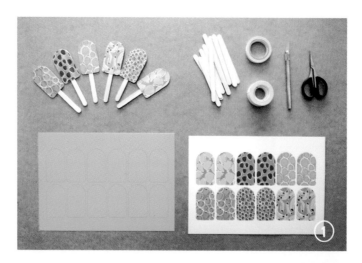

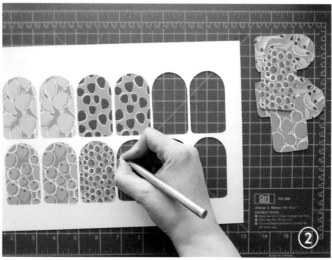

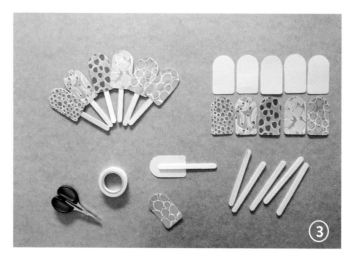

How to:

• Print the LISA template on your chosen coloured card (green in this example). Print the FRUIT template on white card.

• Cut out the ice cream shapes. The kids can use the scissors while you cut out the ice cream shapes carefully using a cutter or blade, (put a board underneath to avoid marking your table or surface).

•Stick the ice cream sticks on the back of each green card figure using double sided tape. Use a ruler to mark the exact point where you wish to position the ice cream sticks so that each one looks the same.

• Apply double sided tape or glue stick to the rest of each piece and stick the ice creams together with the fruit pattern drawings for each of the pairs.

You are now ready to have fun with your Ice Cream Memory Game!

Cómo se hace:

• Imprimir la plantilla LISA en la cartulina del color elegido (verde en este ejemplo). Imprimir la plantilla FRUTAS en cartulina de color blanco.

• Recortar las formas de helado. Los niños pueden utilizar las tijeras mientras vosotros recortáis las formas de helado con ayuda de un cúter o bisturí y una base de corte de apoyo para no rallar ninguna superficie.

• Pegar los palillos de helado en la parte posterior de cada figura de cartulina verde, utilizando el celo de doble cara. Medir con la regla los centímetros a los que quieres colocar el palillo de helado para que sobresalga de la cartulina siempre una misma distancia.

• Coloca celo de doble cara o pegamento de barra a lo largo de toda la superficie restante de cada pieza y pega los helados con el dibujo de los patrones de frutas de cada una de las parejas.

¡Ya podéis empezar a divertiros con vuestro Juego de Memoria de helados!

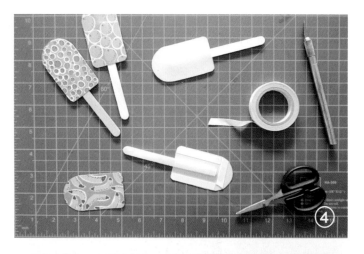

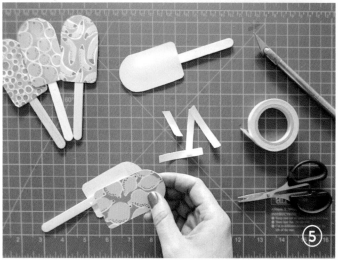

DONUT YOYO

www.lamaisondeloulou.com/blog

MATERIALS / MATERIALES

Wooden Yoyo / Yoyo de madera
Paint / Pintura
Paintbrush / Pincel

③

How to:

• Have all your supplies ready.

• Draw your donut shapes on your wooden Yoyo.

• Now paint the donuts. Allow to dry.

• Assemble your Yoyo.

Finished and ready to play!

Cómo se hace:

• Prepara todos los materiales que vas a utilizar.

• Dibuja unos donuts sobre los yoyós de madera.

• Ahora, puedes pintarlos. Déjalos secar.

• Monta los yoyós.

¡Y listos para jugar!

GEOMETRIC PAINTED BOX

byGu.etsy.com
gu-tworzy.blogspot.com

MATERIALS / MATERIALES

Wooden box / Caja de madera
Painter's masking tape / Cinta adhesiva de pintor
Acrylic paint / Pintura acrilica
Paint brush or paint roller / Brocha o rodillo para pintura
Flat piece of glass or plastic (or anything with a smooth surface, even a table) /
Pieza plana de vidrio o de plástico (o cualquier superficie lisa, incluso una mesa)
Paper / Papel
Pencil / Lápiz
Scissors / Tijeras

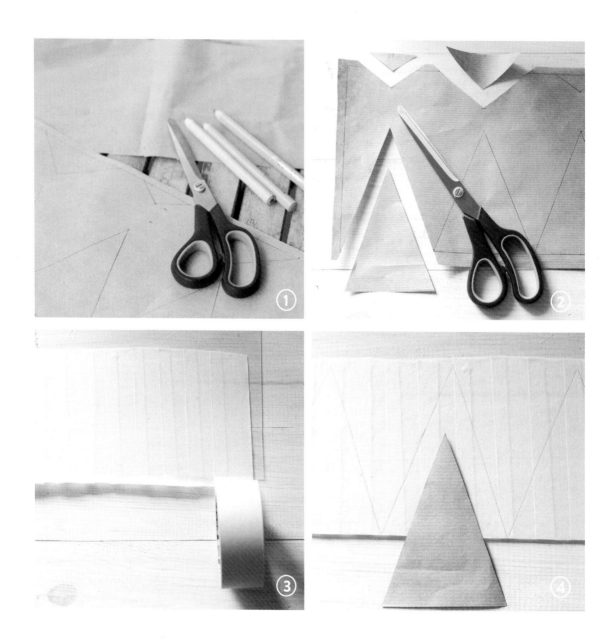

How to:

Measure the box carefully and transfer the measurements onto a piece of paper. Design your triangle pattern.

For the bottom triangle row:

• Cut out one triangle - this will be your template.

• Stick strips of masking tape on a piece of glass. Make sure the strips overlap on the edges. The strips of tape should be slightly longer than the height of the triangle.

• Draw the triangles on the taped surface.

• Pull the tape in one piece and cut out the triangles.

• Tape your box with triangles. Make sure to stick the tape down well to keep clean lines.

• Apply paint with a roller or paint brush.

• Leave to dry and apply a second coat.

• Allow to dry and peel off the tape.

Cómo se hace:

Mide bien la caja y pasa las medidas a un papel. Diseña el patrón de triángulos que prefieras.

Para la fila inferior de triángulos:

• Corta un triángulo, te servirá de plantilla.

• Pega tiras de cinta de carrocero sobre un trozo de cristal. Asegúrate de que las tiras se solapan por los laterales. Las tiras deberían ser un poco más largas que la altura del triángulo.

• Dibuja los triángulos sobre la superficie de la tira creada con la cinta de carrocero.

• Quita la cinta de una vez y recorta los triángulos.

• Pega la cinta con los triángulos en la caja. Asegúrate de pegar bien la cinta para que las líneas queden definidas.

• Aplica la pintura con un rodillo o brocha.

• Déjalo secar y aplica una segunda capa.

• Déjalo secar y retira la cinta.

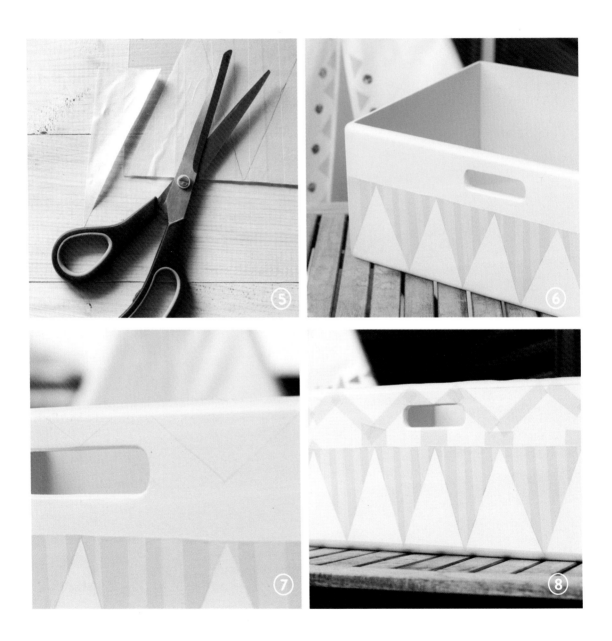

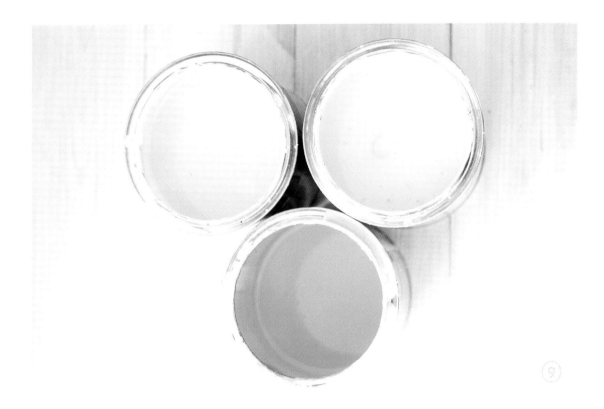

How to:

For the upper triangle row:

• Cut one triangle out of paper according to your design - this will be your template.

• Use the template and draw the triangles on the box. Trim the tape and create the design on the box. Pencil marks should not be covered with tape. They will be hidden under the coats of paint.

• Paint the triangles with a small brush.

• Leave to dry and apply a second coat.

• Leave to dry before peeling off the tape.

Cómo se hace:

Para la fila superior de triángulos:

• Corta un triángulo de papel con el diseño deseado, te servirá de plantilla.

• Usa la plantilla y dibuja los triángulos en la caja. Recorta la cinta y crea el diseño en la caja. No deberías dejar marcas de lápiz bajo la cinta, sino que deberían ir ocultas bajo las capas de pintura.

• Pinta los triángulos con una brocha pequeña.

• Déjalo secar y aplica una segunda capa.

• Déjalo secar y retira la cinta.

DRUM FOR FUN

www.lamaisondeloulou.com/blog

MATERIALS / MATERIALES

Baby formula / Bote de leche de formula para bebé
Chopstick / Palillo
Paint & paintbrush / Pintura y pincel
Brass plated fastener / Encuadernador metálico
Wood beads / Piezas de madera
Fabric string / Tira de tela

How to:
• Drink all the baby formula first; then you can paint the tin in any colour and design you wish, (personally I do not recommend spray paints for small children) Allow to dry.
• Using a drill make 1 hole on each side.
• As shown in the pictures, insert the brass plated fastener thought the fabric strip and your kid's drum is ready to play.
• Paint your chopsticks and glue a wooden bead to the end.

Cómo se hace:
• Cuando hayas terminado toda la leche infantil del bote, píntalo del color que quieras y con las formas que más te gusten (no recomiendo la pintura en spray para niños y bebés). Déjala secar.
• Con la ayuda de un taladro, realiza dos agujeros en cada lado.
• Después, como se muestra en las fotografías, inserta un encuadernador metálico en la tira de tela. Ahora, el bebé ya puede tocar el tambor.
• Pinta los palillos y pégales las bolas de madera en los extremos.

MOBILE CHILD PAPER AIRPLANES

 www.sonrisasdepapel.es

MATERIALS / MATERIALES

Cutter / Cúter
Three scrapbook papers, printed double-sided 30x30 /
Tres papeles de scrapbook, estampados a doble cara 30x30
Natural wood structure / Estructura de madera natural
Transparent elastic yarn / Hilo elástico transparente
Needle / Aguja
Cotton string / Hilo de algodón
Glue stick / Pegamento de barra
White glue / Cola blanca
Ruler / Regla
Pencil / Lápiz
White cardboard / Cartulina de color blanco
Template: Aeroplane and Clouds / Plantilla: Avión y Nubes

How to:

• Cut the sheets in half to obtain six different printed papers, one for each of the airplanes making up the mobile.

• Print the airplane template on a piece of card and cut out the shapes of the different parts of the plane.

• Using the template draw the outline of the five airplane elements on the printed paper, two for the top part, two for the underneath and one for the propeller. First draw one side and then turn the template over to draw the outline of the reverse side.

• Using a precision blade, cut out the four pieces making up the airplane, together with the propeller.

• Fold each airplane part on its central axis, using the trace lines of the template as a guide. Carefully apply the blade very softly, without cutting the paper, to score the line.

• Join the four parts together using the glue stick to make a complete airplane.

• Punch a small 3 mm hole in each of the propellers with a pin and mark a cross over the hole using the blade for inserting the nose of the airplane.

Cómo se hace:

• Corta por la mitad los papeles para obtener seis papeles estampados diferentes, uno para cada uno de los aviones que constituye el móvil.

• Imprime la plantilla de aviones en una cartulina y recorta la silueta de las diferentes partes del avión.

• Dibuja sobre el papel estampado en base a la plantilla los cinco elementos que componen el avión, dos de la parte superior, dos de la parte inferior y la hélice. Dibuja primero un lado y dale la vuelta a la plantilla para dibujar el lado simétrico.

• Recorta con un bisturí de precisión, las cuatro partes que forman el avión, junto con la hélice.

• Dobla cada parte del avión por su eje, fijándote en la línea de trazos de la plantilla. Para trazar la línea utiliza el cúter muy suavemente sin presionar de forma que solo se marque el trazado sin llegar a cortar el papel.

• Une con el pegamento de barra las cuatro partes hasta conseguir el avión completo.

• Perfora con una perforadora de agujero de 3 mm cada una de las hélices y marca una cruz con un cúter en dicho agujero para que encaje bien en el morro del avión.

How to:

• Print the clouds template. Draw 24 cloud shapes on white card. Cut out and stick the cut outs together with the glue stick in groups of four to make a total of 6 clouds.

• Assemble the six arm wooden structure using white glue on each piece. Leave to dry.

• For the mobile hanger use a cotton thread and braid it to a length of 120 cm. Tie a knot at one end and pass it through the hole in the central part of the wooden structure fixing it with glue. Leave to dry.

• Using a transparent elastic thread join one airplane with a cloud to each of the arms of the wooden structure. To pass the thread through the paper, make a hole using a pin or needle and then knot at each end. For the clouds the elastic thread should pass through the centre of the cloud, so you will need to leave one of the paper cloud pieces unstuck before introducing the thread.

Your paper airplane mobile is now ready! Just hang from the ceiling and it will make a perfect decoration for a kid's room.

Cómo se hace:

• Imprime la plantilla de nubes. Dibuja sobre una cartulina blanca un total de 24 nubes. Recorta y pega con pegamento de barra agrupando de cuatro en cuatro los recortes hasta formar un total de 6 nubes.

• Monta la estructura de madera de seis brazos, encolando con cola blanca cada pieza. Deja secar.

• Para el colgador del móvil utiliza un hilo de algodón y trénzalo hasta completar una longitud de 120 cm. Anúdalo por un extremo e introdúcelo en el agujero de la parte central de la estructura de madera fijándolo con cola. Deja secar.

• Une con hilo elástico transparente un avión con una nube de forma alternada en cada brazo de la estructura de madera. Para introducir el hilo en el papel haz un agujero con la ayuda de una aguja de grosor medio y ve anudando cada extremo. Para las nubes el hilo elástico debe ir por el eje central de la nube, así que deberás dejar sin pegar una de las piezas de nube de papel antes de introducir el hilo.

¡Ya está listo el móvil de aviones de papel! Sólo queda colgarlo del techo y quedará perfecto para decorar una habitación infantil.

CUP AND BALL BOUQUET

 www.lamaisondeloulou.com/blog

MATERIALS / MATERIALES

Cup and ball toy / Copa y pelota
Paint / Pintura
Paintbrush / Pincel
Scissor / Tijera
Colored crepe paper / Papel crepé de color
Double sided tape or glue / Cinta de doble cara o pegamento

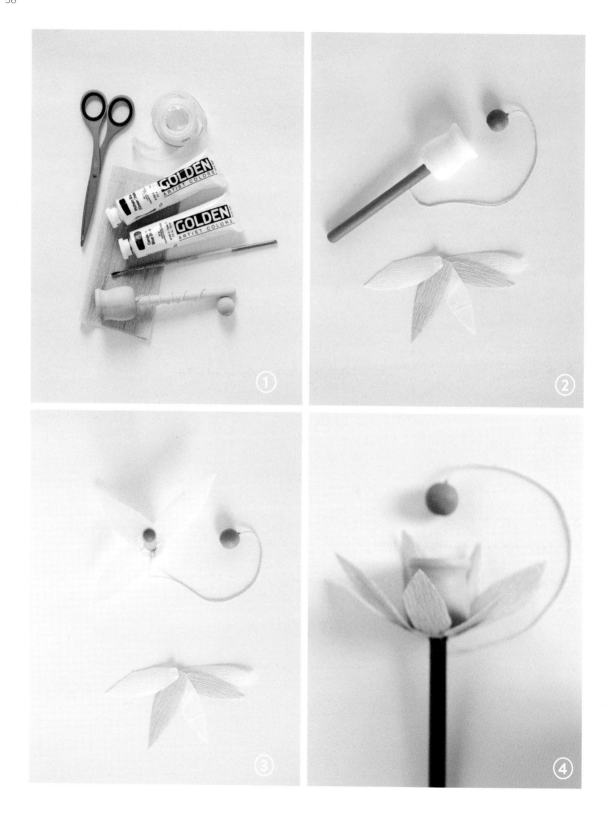

How to:

• First paint your toy using one, two or three colours.

• Then cut some petals out of your crepe paper.

• Place your cup & ball toy upside down and tape or glue your petals onto it. Allow to dry.

• Your Flower Cup & Ball toy is ready to play! Have fun!

Cómo se hace:

• En primer lugar, comienza por pintar el juguete con uno, dos o tres colores.

• Ahora corta algunos pétalos de papel crepé.

• Después, pon el juguete boca abajo y comienza a pegar con pegamento o cinta de doble cara los pétalos y déjalo secar.

• Ya tienes listo tu boliche con forma de flor y puedes jugar con él. Buena suerte.

OWL KEYHOLDER

byGu.etsy.com
gu-tworzy.blogspot.com

MATERIALS / MATERIALES

Piece of fabric / Pieza de tela
Yarn or embroidery floss / Lana o hilo de bordado
Fiberfill / Fibra de relleno
Small piece of a strong cord / Trocito de una cuerda fuerte
Needle / Aguja
Scissors / Tijeras
Crochet hook / Ganchillo
Sewing machine / Máquima de coser
Keyring / Llavero

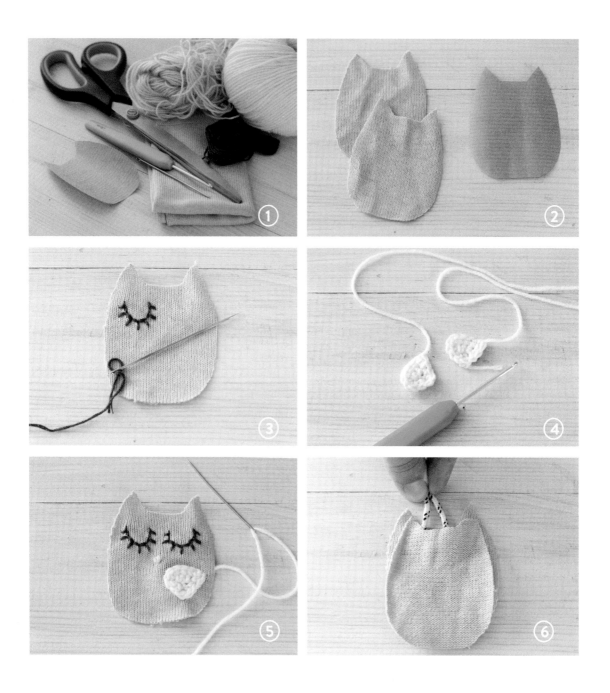

How to:

• Draw the outline of an owl on a piece of paper. Cut this out and use it as a template.

• Lay the template on the fabric and cut out two owl shapes.

• Embroider the eyes and beak with wool or embroidery floss.

• Crochet two little triangles using the following pattern:

Row 1: chain (ch) 3, single crochet (sc) in the first chain, turn

Row 2: ch 2, sc 1 in the same stitch as the chain, sc 1, turn

Row 3: ch 2, sc 1 in the same stitch as the chain, sc 2.

Finish the triangles with a single crochet border.

Cómo se hace:

• Dibuja la silueta de un búho sobre una hoja de papel. Recorta la silueta y úsala como modelo.

• Pon el modelo sobre la tela y córtalo dos veces.

• Borda los ojos y pico con hilo de bordar.

• Haz dos pequeños triángulos a ganchillo siguiendo este patrón:

Fila 1: 3 cadenetas, punto bajo en la primera cadeneta, gira.

Fila 2: 2 cadenetas, 1 punto bajo en el mismo punto que la primera cadeneta, 1 punto bajo, gira

Fila 3: 2 cadenetas, 1 punto bajo en el mismo punto que la primera cadeneta, 2 puntos bajos

Termina los triángulos con borde de puntos bajos.

How to:

• Sew on the wings using the same wool or floss.

• Instead of crochet triangles, you can simply embroider the wings with wool or floss.

• Pin the front and back sides of the owl together putting a cord in between. Sew together using the sewing machine, leaving the bottom of the owl open.

• Stuff the owl with polyester fibre and then sew shut.

• To finish off the ears you can pull the yarn through the ears a few times and tie in a knot to make tassels.

• Attach the key ring.

Done!

Cómo se hace:

• Cose las alas usando la misma lana.

• En vez de hacer los triángulos de ganchillo, también puedes simplemente bordar las alas con hilo de bordar.

• Sujeta con un alfiler la parte delantera y trasera del búho, colocando un trozo de cuerda en medio. Cóselo a máquina dejando la parte inferior abierta.

• Dale la vuelta, rellena el búho con fibra de relleno de poliéster y termina de coserlo hasta cerrarlo totalmente.

• Para terminar las orejas, puedes pasar hebras de lana unas cuantas veces para hacer borlas.

• Mete el llavero por la cuerda.

¡Listo!

CARDBOARD COMPUTER

www.lamaisondeloulou.com/blog

MATERIALS / MATERIALES

Cardboard 11x17 / Cartón 11x17
Yarn or embroidery floss / Lana o hilo de bordado
Ruler / Regla
Pen / Bolígrafo
Tape / Celo
Chalk paint / Pintura de tiza
Brush / Pincel
Glue / Pegamento

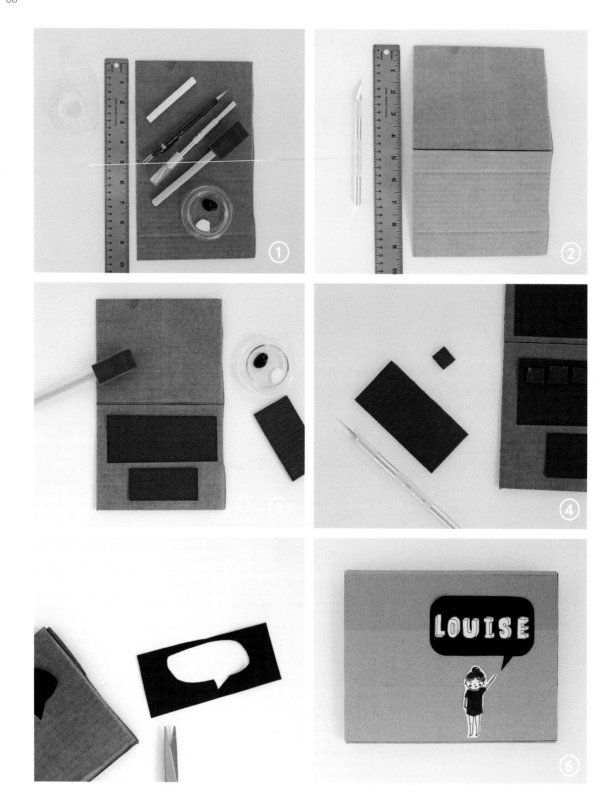

How to:

• Take your 27cm x 43cm cardboard and draw a line through the centre. Using your cutter, score your cardboard (as shown in the picture). Now (this is optional) fold your cardboard and tape along the fold (this will make it more durable when kids open and close the computer).

• Paint black/dark grey rectangles on the other side of your cardboard: one for the screen, one for the keyboard & one for the mouse. Allow to dry.

• Paint an extra piece of cardboard; allow to dry, and then cut out small rectangles.

• Glue the small rectangles onto your cardboard to create a keyboard.

The computer is now ready for you to pretend to work like Mummy & Daddy!

* Optional Step: Customize your computer with a drawing or a speech bubble with your name on it if you wish.

Cómo se hace:

• Coge el trozo de cartón de 28 x 43 cm y dibuja una línea en el centro. Con la ayuda de un cúter, corta, PERO no del todo, el cartón (como se muestra en la fotografía). Ahora (esto es opcional), dobla el cartón y ponle cinta adhesiva por donde se dobla (porque el niño abrirá y cerrará el ordenador).

• Comienza a pintar algunos rectángulos con pintura de tiza en la otra parte del cartón: uno para la pantalla, otro para el teclado y uno para el ratón y déjalos secar.

• Pinta un trozo extra de cartón, déjalo secar y luego corta pequeños rectángulos de ese trozo.

• Pega el rectángulo pequeño al cartón para crear un teclado.

Ahora que el ordenador está listo, ¡puedes hacer como que trabajas como mamá y papá!

* Paso opcional: Personaliza tu propio ordenador con un dibujo o un bocadillo con tu nombre, si te apetece.

EGG CUPS

www.baby-jungle.com

MATERIALS / MATERIALES

Egg carton (you can only make 2 chicks from one carton) /
Cartón de huevos (sólo se puede hacer 2 pollitos de una caja)
Orange and red crafting paper / Papel craft naranja y rojo
Feathers (I used white and yellow) / Plumas (usamos blancas y amarillas)
Wiggle eyes (or black paint) / Pegatinas de ojos (o pintura negra)
Scissors / Tijeras
Cutter / Cúter
Glue / Pegamento

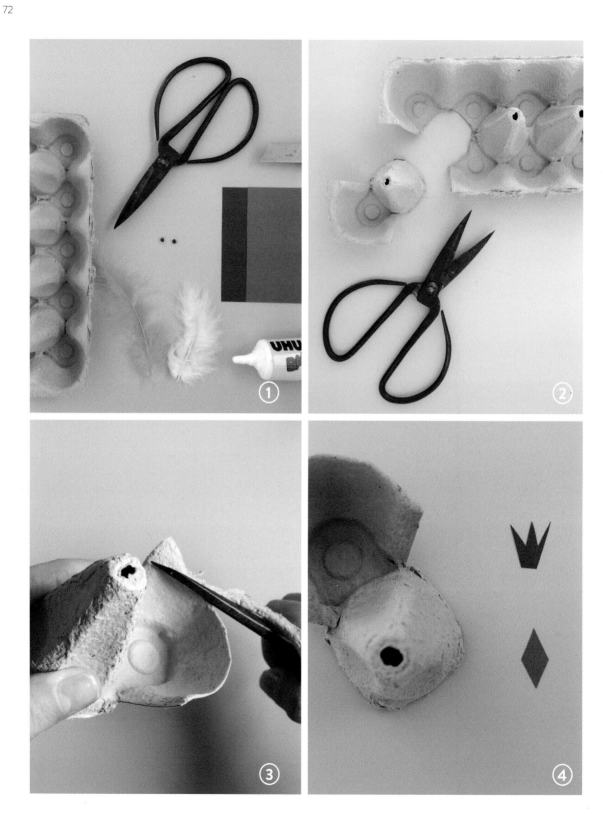

How to:

• Cut out the edge section of the egg carton as in the photo.

• Trim the excess around the upper edge.

• Cut out the chicken's comb or crown using the red paper and then an orange beak (rhombus shape folded in half). Check the width of the top of your egg carton shape for the comb first, and then about a centimetre below the top for the beak, leaving a little room around the edges. Cut notches to fit the comb and the beak.

Cómo se hace:

• Corta el extremo de un cartón de huevos como se muestra en la foto.

• Retira la parte sobrante alrededor del borde superior.

• Coge el papel rojo y corta una cresta (o como la llamamos nosotros, una corona) y un pico naranja (en forma de rombo, doblado por la mitad). Comprueba la anchura de la parte superior del cartón para la corona y como un centímetro más abajo, para el pico y hazlos unos mm más estrechos para que tengan sitio para los bordes. Haz unas ranuras para introducir la corona y el pico.

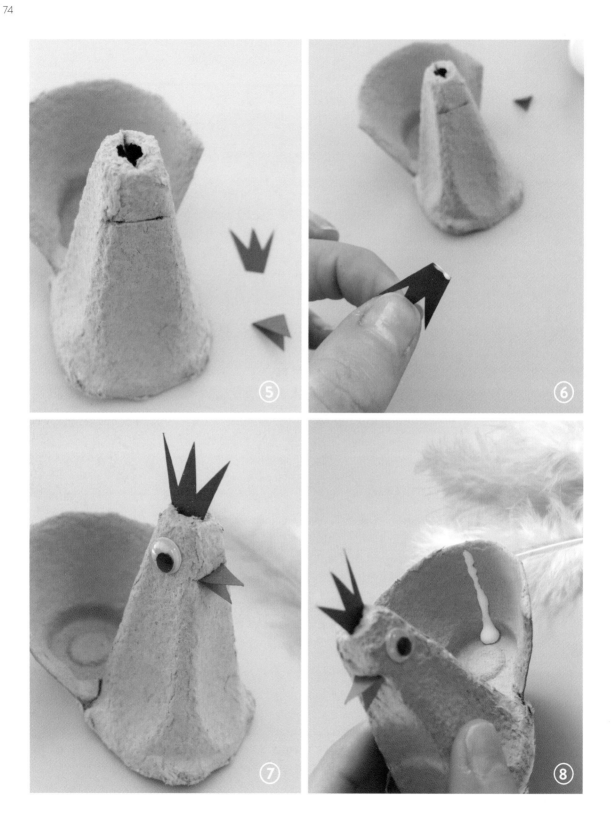

How to:

• Put a little glue at the bottom of both pieces.

• Insert them into slots and either glue on wiggle eyes or draw them on.

• Put a generous amount of glue on the inner side of the back part (where the tail should be) and glue feather on.

Now wait for it to dry and insert an egg!

Cómo se hace:

• Pon un poco de pegamento en la parte inferior de ambas piezas

• Métalas en las ranuras y pega unos ojos a ambos lados o píntalos.

• Pon una buena cantidad de pegamento en la parte interior de la zona trasera (donde iría la cola) y pégale plumas.

En cuanto esté seco, ya podrás poner un huevo dentro.

WOOD MAZE FOR MARBLES

www.sonrisasdepapel.es

MATERIALS / MATERIALES

1 set of wooden 26 x 36 cm / 1 bandeja de madera de 26 x 36 cm
51 wooden pieces construction game Stapel Spel / 51 piezas de madera del juego de construcción Stapel Spel
5 popsicle sticks / 5 palillos de helado
3 blocks / 3 tapones
2 sticks of wood / 2 barras de madera
1 tube of toilet paper / 1 tubo de papel higiénico
1 tube paper towels / 1 tubo papel de cocina
Chalk Paint of various colors / Chalk Paint de varios colores
Scrapbook paper / Papeles scrapbook
Tape double sided glue stick / Celo de doble cara y pegamento de barra
White glue or glue gun / Cola blanca o pistola de pegamento
Cutter, scissors and ruler / Cúter, tijeras y regla
Template: Paper house and paper tree / Plantilla: Casa de papel y árbol de papel

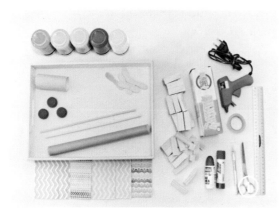

How to:

• Decide on an idea for the scene and draw a plan for the route you intend to create.

• Using Chalk Paint colour the wooden board which will serve as the base for the maze. Paint the wooden pieces, the round blocks or bottle tops and the ice cream sticks in different colours.

• Stick the printed paper down on the wooden base using double sided tape.

• Arrange the painted wooden pieces and stick them to the base with white glue according to your design.

• Prepare the individual elements of your particular scene and route plan: tunnels, tree and paper house.

* Paper House: print the template and then cut out the building shape and the doors and windows. Fold and stick with double sided tape. Decorate with the printed paper.

* Tunnels: use the kitchen paper tube for the horizontal tunnel and the toilet paper tube for the vertical tunnel, and cover them with printed paper. Cut a semi circular opening in the vertical tube to insert the horizontal tube and make an opening the size of a marble in the top.

* Paper Tree: print the template and cut out the tree shape; then use this to trace six shapes on scrapbook paper. Cut the six pieces out and stick together to make the finished tree.

Cómo se hace:

• Define una idea del escenario y dibuja el esquema del recorrido que vas a crear.

• Pinta con Chalk Paint la bandeja de madera que servirá como base del laberinto. Pinta las piezas de madera de diferentes colores, los tapones y palillos de helado.

• Pega el papel estampado con celo de doble cara en la base de la bandeja de madera.

• Coloca las piezas de madera pintadas según el esquema y pégalas a la base de la bandeja con pegamento o cola.

• Elabora los elementos singulares del recorrido que tiene tu escenario: túneles, árbol, casa de papel.

* Casa de papel: imprime la plantilla, recorta la silueta y los huecos. Pliega y pega con celo de doble cara. Decora con papel estampado.

* Túneles: utiliza el tubo de papel de cocina para el túnel horizontal, y el tubo de papel higiénico para el túnel vertical, y fórralos de papel estampado. Haz una abertura en forma de media luna en el tubo vertical para que encaje el tubo horizontal y en la tapa crea una abertura del tamaño de una canica.

* Árbol de papel: imprime la plantilla, recorta la silueta del árbol y la copa. Sobre papel de scrapbook dibuja seis figuras en base a la plantilla y recorta. Pega las seis piezas de papel para formar el árbol.

80

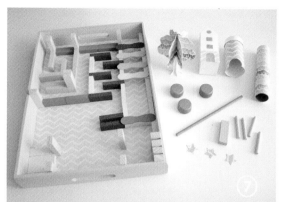

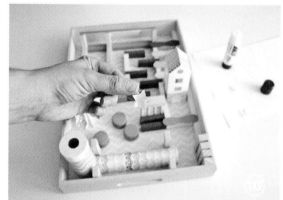

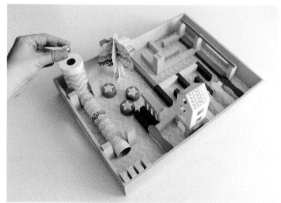

How to:
• Position the painted round blocks/bottle tops and the horizontal tunnel and stick them to the base using the glue gun.
• Insert the vertical tube into the horizontal tube. Stick the paper tree and the house onto the base with glue.
• Add the remaining maze elements, position the wooden bars...

Your marble maze is complete! Ready to play and hours of fun!

Cómo se hace:
• Pega los tapones pintados, el túnel horizontal fijándolos con la pistola de pegamento a la base de la bandeja de madera.
• Encaja el tubo vertical en el túnel horizontal. Pega el árbol de papel y la casita de papel a la base con la pistola de pegamento.
• Añade los detalles restantes, coloca las barras de madera...

¡Ya está terminado tu laberinto de canicas! ¡Listo para jugar y divertirse!

COLOURFUL RAIN CLOUD

byGu.etsy.com
gu-tworzy.blogspot.com

MATERIALS / MATERIALES

White fabric / Tela blanca
Yarn or embroidery floss / Lana o hilo de bordado
11 felt balls in various colours / 11 bolitas de fieltro en varios colores
Thin string / Cuerda fina
Fiberfill / Relleno
Needle / Aguja
Scissors / Tijeras
Crochet hook / Aguja de ganchillo
Sewing machine / Máquina de coser

How to:

• Draw the outline of a cloud on a piece of paper. Cut this out and use as a template.

• Lay the template on the fabric and cut out two cloud shapes.

• Embroider eyes and smile with embroidery floss.

• Crochet two little circles using the following pattern:

* Chain 2.

* Single crochet (sc) 6 times into the second chain from the hook, slip stitch (sl) into the first stitch to close the circle.

* Chain 1, sc twice into each single crochet, and sl into the beginning of the round.

* Chain 1, *sc twice into the first sc, then sc once into the next sc*, repeat from * to the end of the round. End with slip stitch.

Sew on the wings using the same yarn.

Instead of using crochet circles, you can cut them out of felt.

Cómo se hace:

• Dibuja la silueta de una nube sobre un papel. Recórtala y úsala de modelo.

• Pon el modelo sobre la tela y córtalo dos veces.

• Borda unos ojos y una sonrisa con hilo de bordar.

• Haz dos pequeños círculos a ganchillo siguiendo este patrón:

* 2 cadenetas.

* 6 puntos bajos en la segunda cadeneta desde el gancho, cerrar con punto deslizante en la primera cadeneta.

* 1 cadeneta, 2 puntos bajos en cada punto y cerrar con punto deslizante en la primera cadeneta de la vuelta anterior.

* 1 cadeneta, *2 puntos bajos en el primer punto bajo, después, 1 punto bajo en el siguiente punto bajo y repetir desde * hasta el final de la vuelta. Terminar con un punto deslizante.

Cose las mejillas usando la misma lana.

En vez de hacer los círculos de ganchillo, los puedes cortar en fieltro.

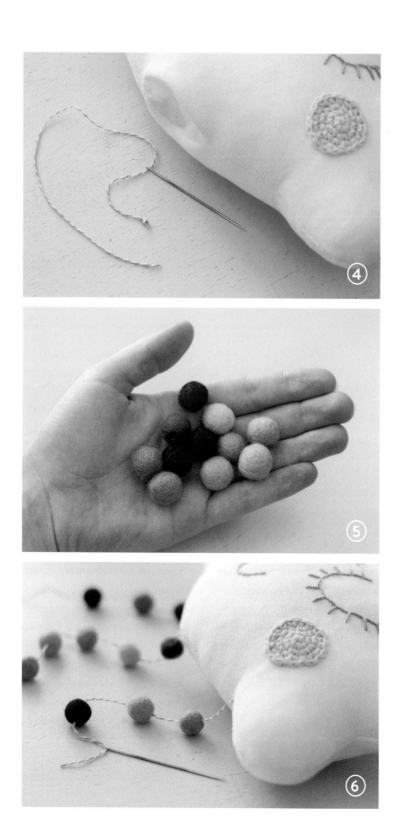

How to:

• Pin the front and back pieces of the cloud together on the right side. Sew using the sewing machine, leaving the bottom of the cloud open.

• Turn right side, stuff the cloud with fibrefill.

• Cut 3 pieces of string, tie a double knot at the end of each and thread them through the seam of the cloud.

• Thread a piece of string through the top of the cloud. Sew the cloud shut.

• Thread felt balls onto the three pieces of string and tie a knot at the end of each.

Done! Now it's time to hang your cloud.

Cómo se hace:

• Sujeta las parte delantera y trasera de la nube con alfileres. Cósela a máquina dejando la parte inferior de la nube abierta.

• Dale la vuelta y rellena la nube con relleno de fibra.

• Corta 3 trozos de cuerda, haz un nudo doble en el extremo de dichos trozos de cuerda e introdúcelos por la costura de la nube.

• Pasa un trozo de cuerda por la parte superior de la nube y termina de coser la nube hasta cerrarla.

• Enhebra bolas de fieltro en las tres cuerdas y haz un nudo en la parte inferior de cada una de ellas.

Y ¡listo! Ahora ya puedes colgar tu nube.

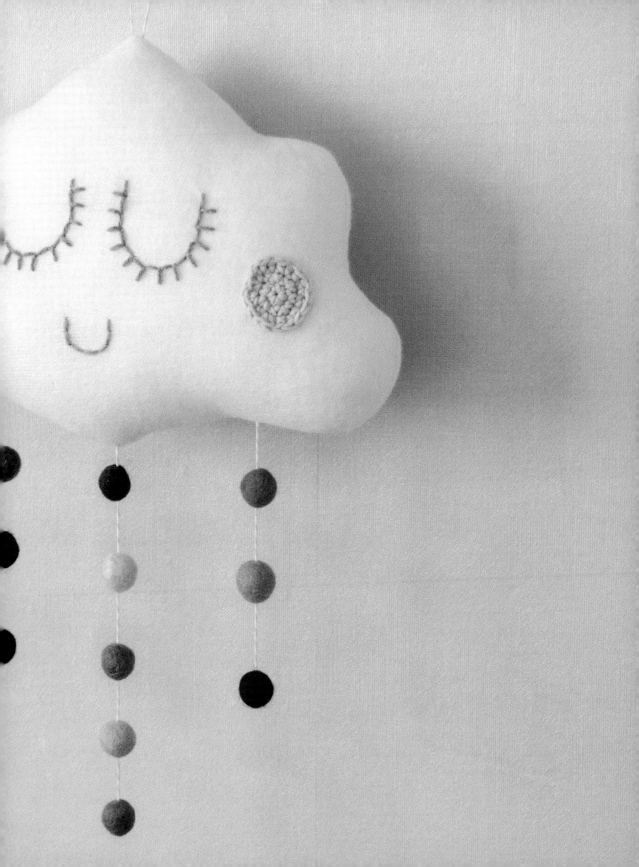

AIRPLANE

Inés Bayo / Marta Ribón

MATERIALS / MATERIALES

Papeles estampados / *Papeles estampados*
Glue / *Pegamento*
Painting / *Pinturas*
Brush / *Pincel*
Cardboard tubes and bits / *Tubos y trozos de cartón*
Wire / *Alambre*

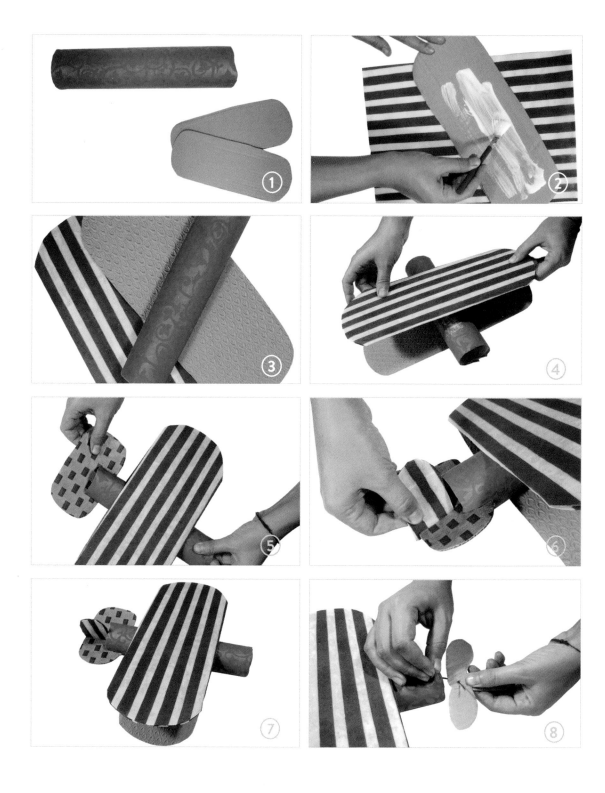

How to:
• Cut two pieces of cardboard in the shape of wings, and line a cardboard tube with the paper you like.
• Apply glue to the wings and cover them with the paper.
• The three pieces are now ready to be put together.
• Glue the wings to the tube, placing one above and the other below.
• Cut out another two pieces to make the tail of the plane.
• To place set the tail of the plane, make a cut across the back of the tube and insert one of the pieces.
• Following the same steps, insert the other piece.
• Use a piece of wire to place the propeller.

Let's go travel!

Cómo se hace:
• Recortar dos trozos decartón con forma de alas, y forrar un tubo de cartón con el papel que te guste.
• Aplicar pegamento en las alas y forrarlas.
• Ya tenemos las tres piezas preparadas, ahora vamos a montarlas.
• Pega las alas al tubo una por encima y otra por debajo.
• Recorta otras dos piezas para realizar la cola del avión.
• Para colocar la cola del avión, realizar un corte transversal en la parte trasera del tubo y encaja una de las piezas.
• Siguiendo el mismo procedimiento, coloca la otra pieza.
• Utiliza un trozo de alambre para colocar la hélice.

¡Vamonos de viaje!

UPCYCLED SWEATER OWL SOFTIE

 byGu.etsy.com
gu-tworzy.blogspot.com

MATERIALS / MATERIALES

Old patterned sweater / Suéter viejo
Yarns in coordinating colours / Hilos en colores para combinar
Felt sheet / Hoja de guia
Small buttons (for the eyes) / Botones pequeños (para los ojos)
Polyester fiberfill / Relleno de poliéster
Needle / Aguja
Scissors / Tijeras
Crochet hook / Ganchillo
Sewing machine / Máquina de coser

How to:

• Draw the outline of an owl on the A4 paper. Cut this out and use it as a template.

• Lay the model on the sweater and cut out two shapes.

• Cut two circles out of felt.

• Sew on the circles with yarn in contrasting colours. You can do this with a simple decorative stitch around the circumference of the eyes.

• Sew the button eyes in place and sew the beak down with a couple of stitches.

• Crochet two triangles using the following pattern:

Row 1: chain 3, single crochet in the first chain, turn

Row 2: ch 3, sc 1 in the same stitch as the chain, sc 1, turn

Continue increasing with one st on the start of every row.

After you have the desired size of triangle, you can finish it off with a single crochet border.

Instead of using crochet triangles, you can cut them out of felt.

Cómo se hace:

• Dibuja la silueta de un búho en un folio. Recórtala y úsala como modelo.

• Pon el modelo sobre la sudadera o jersey y córtalo dos veces.

• Corta dos círculos de fieltro.

• Cose los círculos con una lana de un color que contraste con el del fieltro. Puedes hacerlo con un punto sencillo decorativo alrededor de la circunferencia de los ojos.

• Cose dos botones como ojos y el pico con un par de puntadas.

• Haz dos triángulos a ganchillo siguiendo este patrón:

Fila 1: 3 cadenetas, punto bajo en la primera cadeneta, gira.

Fila 2: 3 cadenetas, 1 punto bajo en el mismo punto que la cadeneta, 1 punto bajo, gira

Sigue aumentando con un punto bajo al principio de cada vuelta.

Tras obtener el tamaño de triángulo deseado, puedes terminarlo con un borde sencillo de puntos bajos.

En vez de hacer los triángulos de ganchillo, también los puedes recortar en fieltro.

How to:

• Sew on the wings using the same yarn.

• Pin the front and back pieces of the owl right sides together and sew with the sewing machine leaving the bottom of the owl open.

• Turn on right side, stuff the owl with polyester fibrefill and then sew shut.

• To finish off the ears you can pull the yarn through the ears a few times and tie in a knot to make tassels.

Cómo se hace:

• Cose las alas usando la misma lana.

• Sujeta con un alfiler la parte delantera y trasera del búho por el derecho y cóselo a máquina dejando la parte inferior del búho abierta.

• Dale la vuelta, rellena el búho con fibra de relleno de poliéster y termina de coserlo hasta cerrarlo totalmente.

• Para terminar las orejas, puedes pasar hebras de lana unas cuantas veces y atar dichas hebras para hacer borlas.

GARLAND PAPER BOATS

 www.sonrisasdepapel.es

MATERIALS / MATERIALES

Cutter / Cúter

Papers of different prints / Papeles de diferentes estampados

Stamped letters of the name / Letras troqueladas del nombre deseado

3 cm diameter scalloped circle die cutter / Troqueladora de circulo festoneado de 3 cm de diámetro

Small star die cutter / Troqueladora de estrella pequeña

5 cm diameter circle die cutter / Troqueladora de círculo de 5 cm de diámetro

Ecru cotton thread / Hilo de algodón color crudo

Glue stick / Pegamento de barra

Ruler and scissors / Regla y tijeras

Cardboards green, turquoise, yellow and white / Cartulinas de colores verde, turquesa, amarillo y blanco

How to:

• Choose your printed paper. For each boat use a 15 x 11 cm rectangle.

• Use the circle die cutter to make 12 circles out of the white card and 10 from the green card. Use the star shaped die cutter to make three yellow and three turquoise stars. Use the scalloped circle die cutter to make six yellow and six turquoise circles. Use the various printed papers to make six scallop shapes in different patterns.

• Stick the white card letters forming the child's name onto five green circles, leaving the other five green circles for the back. Using glue stick, attach the scallop shaped cards, alternating the yellow and turquoise colours. Then stick the six scalloped circles of printed paper onto six white card circles, leaving six more circles for the back.

• Fold the 15 x 11 cm paper rectangles to form six origami boats.

• Cut the cotton thread into six 25 cm long sections and one of 120 cm.

Cómo se hace:

• Elegir los papeles estampados. Para cada barquito utilizar rectángulos de 15 x 11 cm.

• Perforar con la troqueladora de círculo la cartulina blanca para formar 12 círculos y la cartulina verde para formar 10 círculos. Perforar con la troqueladora de estrella la cartulina amarilla y la turquesa para formar tres estrellas amarillas y tres estrellas turquesa. Con la troqueladora de círculo festoneado recortar seis círculos festones amarillos y seis turquesa. Troquelar también los papeles estampados para formar seis festones de diferentes patrones de papel.

• Pega las letras de cartulina blanca que forman el nombre del niño en cinco círculos de color verde, dejando los otros cinco verdes restantes para la parte trasera. Pega con pegamento de barra las estrellas en los festones de cartulina, alternando los colores turquesa y amarillo. Pega también los seis círculos festoneados de papel estampado en seis círculos de cartulina blanca, dejando otros seis círculos blancos para la parte trasera.

• Dobla los papeles de 15 x 11 cm hasta formar seis barquitos de origami.

• Corta el hilo de algodón en seis partes de unos 25 cm de largo y otra parte de unos 120 cm.

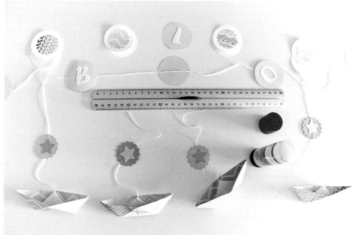

How to:

• With the help of a needle, pass one of the six threads through each of the boats.

• Join the scalloped circle with a star to the thread of each boat. Stick them in such a way that the thread is between two card scallop shapes.

• Stick the circles with the letters to the longer piece of thread. Start with the first letter and continue to the end leaving a gap between each lettered circle of around 10 cm.

• Add the white circles with the printed scallop to the main garland thread including the thread from which each boat hangs on the interior of each pair of card circles.

Now you're ready to decorate your child's room with this garland of paper boats!

Cómo se hace:

• Introduce cada uno de los seis hilos con ayuda de una aguja por cada uno de los barquitos.

• Une el círculo festoneado con estrella al hilo de cada barquito. Pégalos de forma que el hilo quede entre los dos festones de cartulina.

• Pega los círculos con las letras del nombre al hilo principal más largo. Empieza por la letra y continua hacia los extremos dejando una separación entre cada círculo con letra de unos 10 cm.

• Añade los círculos blancos con el festón estampado al hilo principal de la guirnalda incluyendo en el interior de cada pareja de círculos de cartulina el hilo del que cuelga cada barquito.

¡Ya puedes decorar una habitación infantil con esta guirnalda de barquitos de papel!

POTATO-STAMPED TEEPEE TENT

byGu.etsy.com
gu-tworzy.blogspot.com

MATERIALS / MATERIALES

4-5 meters of white fabric (cotton drill or canvas) /
4-5 metros de tela blanca (algodón o lona)

4 wooden poles (at least 175 cm long and 22 mm diameter) /
4 postes de madera (por lo menos 175 cm de largo y 22 mm de diámetro)

1 metre of twine/string/cord / 1 metro de hilo / cuerda / cable

Measuring tape / Cinta métrica

Drill / Taladro

Sewing machine / Máquina de coser

Thread / Rosca

Fabric paint / Pintura de tela

Potatoes / Patatas

Knife / Cuchillo

Paint brush / Pincel

Making potato stamps:

• Cut potato in half. Draw the desired shape onto the surface of the potato using a pencil. Cut around this shape with a knife, leaving the design so it is raised on the surface of the potato.

• Put some fabric paint on your stamp with a small brush. You can also pour some paint into a saucer and dab the potato in the paint.

• Place cardboard underneath the fabric. Use the potato stamp to print your design.

• Let paint dry for times listed on fabric paint bottle.

• Heat set the fabric paint to protect it in the washing machine. Wait at least 24 hours after painting to heat set.

Como hacer sellos de patata:

• Corta la patata por la mitad. Dibuja la forma deseada en la superficie de la patata con un lápiz. Corta por el borde de la patata con un cuchillo, dejando el diseño elevado sobre la superficie de la patata.

• Pon un poco de pintura para tela en el sello con la ayuda de una brocha pequeña. También puedes echar pintura en un plato y mojar la patata en la pintura con pequeños toquecitos.

• Pon un cartón bajo la tela. Comienza estampando el sello de patata según sea necesario.

• Deja que se seque la pintura durante el tiempo que se establezca en la lata.

• Fija la pintura con calor a la tela para protegerla en la lavadora. Espera al menos 24 horas tras pintarla para fijarla con calor.

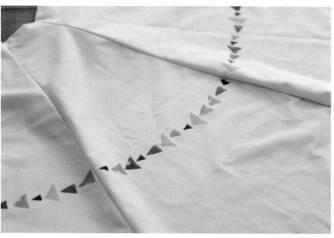

Sewing the teepee:

• Cut out the fabric following the measurements on the cutting layout (the measurements on the top and bottom do not include the seam allowances). You will have three larger triangular panels and two smaller panels which will be used for the teepee door.

• Hem the top and bottom of every panel. Hem the longer edges of the two smaller panels starting about 40 cm from the top

• Sew the teepee panels together. Start with one smaller and one larger panel and sew them together on the reverse sides about 1 cm from the edge.

• Now it's time to create the pole pocket. Turn your teepee fabric so the inside is facing you. Fold the two adjoining panels at the seam outsides together. Sew a seam around 4 cm from the edge (to make sure that your pole will fit into this pocket, measure its diameter and give some extra room on each side).

• Continue with steps 3 and 4 until you have sewn all the panels together. If you want to decorate your teepee with stamps, leave the door panels unsewn.

Done!

Cómo coser la tienda:

• Corta la tela según las medidas del patrón de corte (las medidas superiores e inferiores no incluyen el dobladillo). Tendrás tres paneles triangulares más grandes y otros dos paneles más pequeños que se convertirán en la puerta de la tienda.

• Haz un dobladillo en la parte inferior y superior de cada panel. Haz un dobladillo en los bordes más largos de los dos paneles más pequeños desde unos 40 cm desde la parte superior.

• Cose los paneles de la tienda. Comienza con uno más pequeño y uno más grande y cóselos por el revés a 1 cm del borde más o menos.

• Ahora, vamos a preparar las aberturas para los postes. Dale la vuelta a la tela de la tienda para que veas el revés. Dobla los dos paneles adyacentes por la costura, uniéndolos por el derecho. Realiza una costura a unos 4 cm del borde (asegúrate de que el poste que vas a usar cabe en esta abertura, mide su diámetro y deja un poco más de espacio por cada lado).

• Sigue con los pasos 3 y 4 hasta que cosas todos los paneles. Si quieres decorar la tienda con sellos, deja los paneles de la puerta sin coser.

¡Listo!

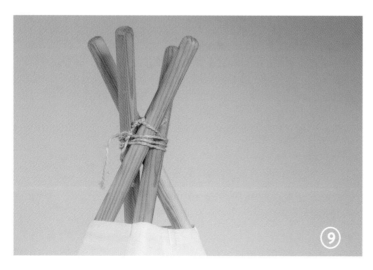

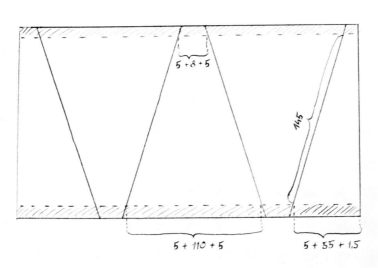

Finishing the teepee:

• Sew the door panels together leaving a long slit for the door opening.

• Drill holes through the top of your poles about 11 cm down from the top.

• Slide poles through the pockets. Thread the rope through the holes and tie it all up. Spread it out.

Cómo terminar la tienda:

• Cose los paneles de la puerta dejando una abertura larga para la puerta.

• Haz un agujero que atraviese cada uno de los postes a unos 11 cm de la parte superior de los mismos.

• Mete los postes en sus aberturas. Mete una cuerda por los orificios de los postes y átala. Extiende la tienda.

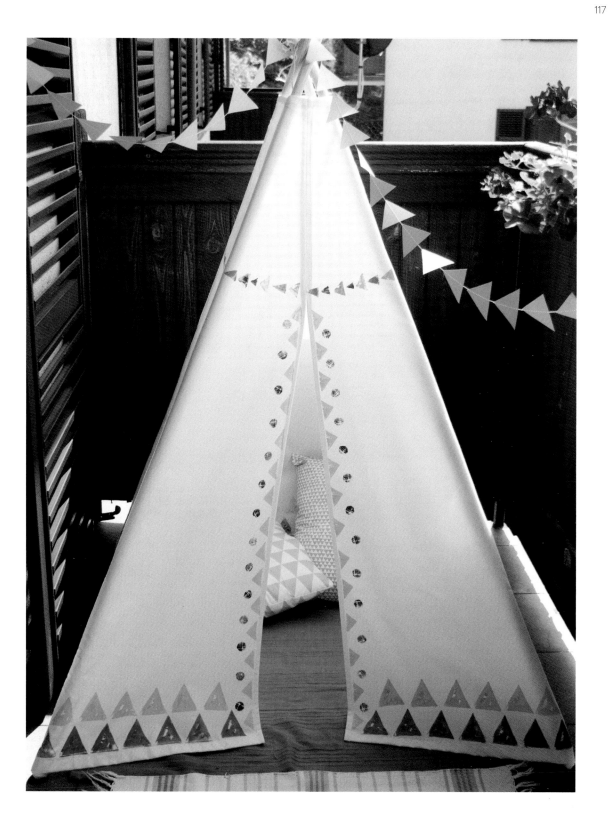

SOFTEST CLOTH COLLAR

www.happyprojectsdesign.com

MATERIALS / MATERIALES

Patterned fabric / Tela estampada
Wood Beads / Cuentas de madera
Cotton Cord / Cordón de algodón
Wadding / Guata
Embroidery thread / Hilo de bordar
Sewing machine / Aguja
Needle / Rosca
Scissor / Tijeras
Close necklace / Cierre de collar

How to:

• Cut out the illustration from the material leaving a margin of around 0.5 cm. For the back of the necklace either cut out the same outline or use another matching material.

• Sow together the two materials with an overlapping stitch, following the outline of the illustration for both sides.

• When you have just a couple of centimetres left to close, fill with wadding.

• Finish sowing all around and make a small loop to pass the necklace cord through.

• Add some wooden beads if you wish.

• Position the clasp and hey presto... it's done!

Convert some left over material into your daughter's favourite necklace!

Cómo se hace:

• Recorta la ilustración de la tela dejando aproximadamente 0,5cm de margen a su alrededor. Para la parte posterior del collar recorta la misma silueta o otra tela que combine.

• Cose las dos telas con un repunte, resiguiendo la silueta de la ilustración por las dos caras.

• Cuando falten un par de centímetros para cerrar, rellena con guata.

• Acaba de coser todo el perímetro y forma una pequeña asa para pasar el cordón del collar.

• Añade alguna cuenta de madera

• Coloca el cierre y... ¡Listo!

Convierte un retal de tela bonita en el collar preferido de tu hija!

LET'S CRAFT TOGETHER!

SHOE LACE

www.baby-jungle.com

MATERIALS / MATERIALES

Shoes / Zapatos
A piece of thick cardboard big enough to fit the shoes /
Un cartón grueso lo suficientemente grande para los zapatos
Paint (watercolors) / Pinturas (acuarelas)
Knitting needle or skewer / Aguja de hacer punto o pincho

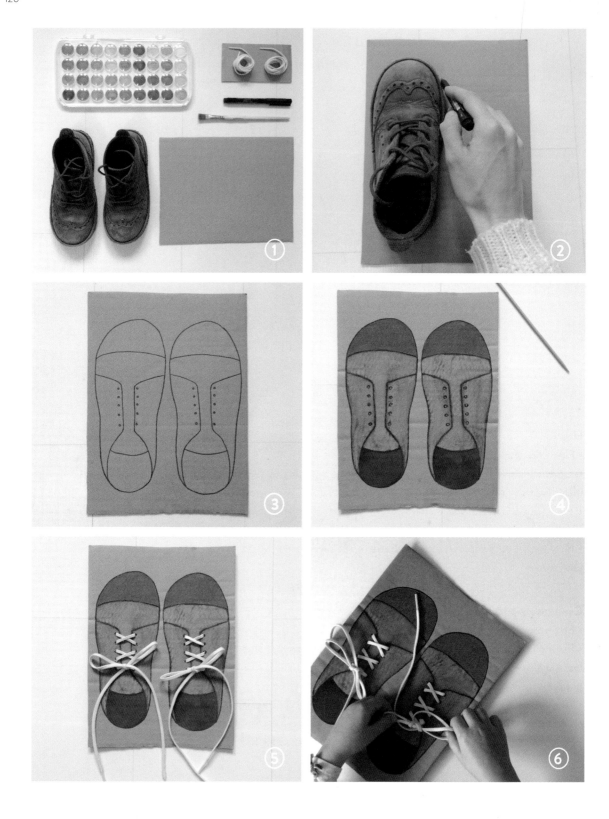

How to:
• First draw the outline with a pencil.
• Go over with a black marker and draw in the rest of the shoe including the eyelets and the tongue, I even had to do pink toe caps.
• Paint the shoes and make holes in the eyelets using a knitting needle or a skewer.
• Now put the shoelaces in (or even better – let the kids do it) and you're done!

Cómo se hace:
• En primer lugar, marca el diseño con un lápiz.
• Repásalo con un rotulador negro y dibuja el resto del zapato, como los agujeros de los cordones y la lengüeta; yo incluso pinté unas punteras rosas.
• Pinta los zapatos y haz agujeros para los cordones usando una aguja o un pincho para brochetas.
• Ponle los cordones (o mejor, deja que los niños se los pongan) y ¡fin!

CARDBOARD BOX ROCKET

www.ladecasa.blog.br

MATERIALS / MATERIALES

2 used cardboard boxes (one should be longer, but both should have aproximatelly the same diameter) /
2 cajas de cartón utilizadas (uno debe ser más largo, pero ambos deben tener aproximadamente el mismo diámetro)

Scisor / Tijeras

Hot glue gun / Pistola de pegamento caliente

White glue / Pegamento blanco

Journal paper / Papel de periodico

Paint and brushes / Pintura y cepillos

Scrapbook paper / Papel scrapbook

Other accessories / Otros accesorios

How to:

• First of all, use the scissors to cut the sides of the smaller box as shown in picture 1. You will have four triangles left. Two of them will be used later.

• Join together the pieces to form a pyramid shape, creating the nose of the rocket, and stick them together with the adhesive tape.

•Attach the two boxes using hot glue (you could also use the adhesive tape).

• To cover the joins, use newspaper and white glue. (You may only need to do this where the joins are obvious).

Cómo se hace:

• En primer lugar, usa las tijeras para cortar los laterales de la caja de menor tamaño como se indica en la imagen 1. Te quedarán cuatro triángulos. Dos de ellos los usaremos más tarde.

• Une las piezas restantes para crear el morro de la nave espacial y pégalas con la cinta adhesiva.

• Une las dos cajas con pegamento caliente (también se puede usar cinta adhesiva).

• Para tapar las imperfecciones, usa papel de periódico y cola blanca. Puedes hacerlo solo donde hay imperfecciones grandes.

How to:
• Then cut a circle to create a window in the lower box.
• Now use the leftover triangles from the upper box to make the fins, as shown in the picture.
• Ask the kids to paint the rocket all over with white paint.
• Use your imagination to add the details as you wish, using paint, scrapbook paper, tubes, coloured pens etc. We just used objects we had to hand.

That's it! Your cardboard rocket is ready to launch. 3, 2, 1... liftoff!

Cómo se hace:
• Después, corta un círculo para crear una ventana en la caja inferior.
• Ahora, usaremos los triángulos sobrantes de la caja superior para hacer los alerones, como se muestra en la fotografía.
• Pide a los niños que pinten todo el cohete con pintura blanca.
• Usa tu creatividad para hacer los detalles que quieras, con pintura, papel para manualidades, tubos, lápices... Nosotros usamos los objetos que teníamos a mano.

Y ya está listo, el cohete de cartón está listo para su lanzamiento en 3, 2, 1...

NOSES

www.baby-jungle.com

MATERIALS / MATERIALES

Egg carton / Cartón de huevos
Paints / Pinturas
Elasticated string / Cadena elástico
Knitting needle, thick nail or a skewer / Aguja de hacer punto, gruesa o pincho
Thick paper for the whiskers / Papel grueso para los bigotes
Scissors brushes and glue / Tijeras, pinceles y pegamento

How to:

• Cut out the shallow/rounded parts of the carton for cat and dog muzzles and pig snouts etc. Use the pointy ends for animals with longer faces like mice, foxes, crocodiles and so on.

• Punch breathing holes into the shallow pieces (use a knitting needle or a thick nail). The pointy ends usually have one already.

• Now paint them with base colours and leave to dry for about an hour. Then draw the details like noses, mouths, teeth etc.

• Cut the whiskers out of thick paper as in the picture (first one in the second row) and glue them on. I first checked with photos on google to get the right colour and position of the whiskers for each animal.

• Finally thread the elasticated string on each side at the bottom of the nose and tie a knot at the end.

Now put on the nose and pretend to be the animal! Not you Daddy come on – let the kids have a go!

Cómo se hace:

• Recorta las partes menos profundas para los hocicos de gato y perro y para los morros del cerdo y las partes más puntiagudas para los animales con caras largas como los ratones, zorros, cocodrilos, etc.

• Hazle unos agujeros a las piezas menos profundas para respirar (usando algo como una aguja de punto o un clavo gordo). Las piezas puntiagudas suelen tener ya un orificio.

• Luego píntalas con colores básicos y déjalas secar durante alrededor de una hora. Después, píntales detalles como una nariz, boca, dientes...

• Corta los bigotes de papel grueso como se ve en la fotografía (la primera de la segunda fila) y pégalos. Yo busqué en internet los distintos animales para ayudarme a elegir el color y la posición adecuada de sus bigotes.

• Y finalmente, pasa un elástico por cada lateral y hazle un nudo al final.

Ahora, ya puedes ponértelo e imitar al animal. Tú no, papá, venga, anda, ¡dáselo al niño!

CAMERA UPCYCLING

www.happyprojectsdesign.com

MATERIALS / MATERIALES

Cardboard boxes / Cajitas de cartón
Plastic cap / Tapón de plastico
Plastic cup or paper / Vaso de plástico o de papel
Empty washi tape rolls / Rollos vacíos de washi tape
Toilet rolls / Rollos de papel higiénico
Small cans / Latas pequeñas

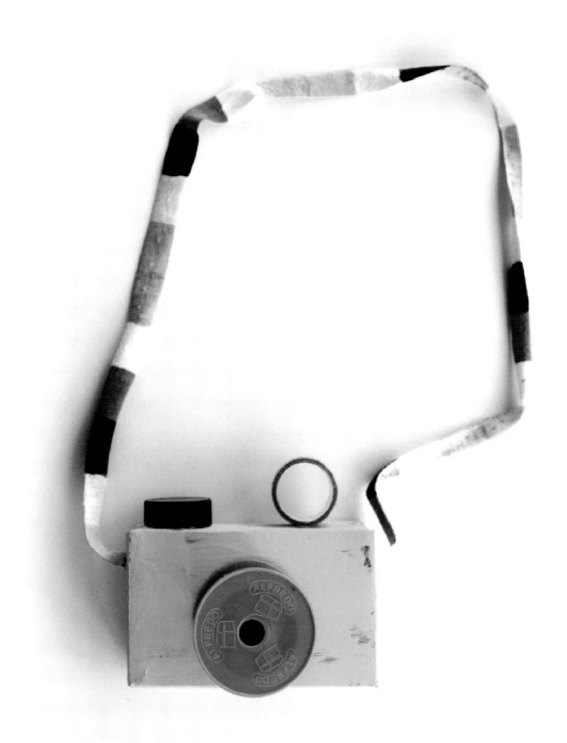

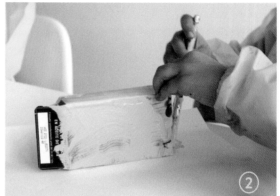

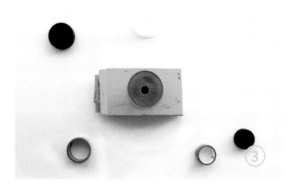

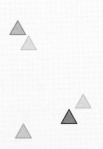

How to:
- Decorate the box with paint or cover with paper.
- Stick on the lens and the buttons.
- Pass the tape through with the help of a hole punch and plastic needle.

Cómo se hace:
- Decora la cajita con pinturas o forrándola de papel.
- Pega el objetivo y los pulsadores.
- Pasa la cinta con la ayuda de un punzón y una aguja de plástico.

How to:

• Close the box with double sided tape or a little piece of washi tape.

• You could stick a piece of card on the back to replicate a digital camera screen and create a collection of photos using small pieces of card with drawings in coloured pen.

Cómo se hace:

• Cierra la caja con cinta de doble cara o un poco de washi tape.

• Puedes pegar un trozo de cartulina en la parte posterior imitando las pantallas digitales y crear un montón de fotos en pequeños trozos de cartulina y rotuladores.

FEATHER CROWN

www.baby-jungle.com

MATERIALS / MATERIALES

Feathers in different sizes / Plumas de diferentes tamaños
Fabric ribbon / Cinta de tela
Glue (super glue and plain craft glue or fabric glue) /
Pegamento (pegamento super y pegamento liso o pegamento de tela)
Scissors and some old newspaper to protect the surface /
Tijeras y algunos periódicos viejos para proteger la superficie.

①

②

3

4

⑤

⑥

How to:

• First measure your child's head and add a little extra before cutting the ribbon (e.g. 40 cm – 20cm for each side; you can cut more later). Then measure from ear to ear and mark the middle of the ribbon. Finally sort your feathers by sizes.

• I started the first row with the smallest ones and made three rows ending with the longest feathers. But you could do it the other way around. Glue them on with super glue which will save you some time and nerves.

• Wait until the glue dries completely and paste a piece of a ribbon over the feathers – use craft glue or fabric glue; don't use super glue here because it will make that part harder!

So easy!

Cómo se hace:

• En primer lugar, tienes que medir la cabeza y añadir un poco más antes de cortar la cinta (como unos 40 cm – 20 para cada lado, puedes cortar más después). Después, mide de oreja a oreja y marca eso en la mitad de la cinta y por último, ordena las plumas por tamaños.

• Yo comencé la primera fila con las plumas más pequeñas y pegué tres filas, acabando con las más largas. Pero también se puede hacer al revés. Pégalas con Super Glue y te ahorrarás tiempo y ganarás en tranquilidad.

• Espera a que se seque del todo el pegamento y pega un trozo de cinta sobre las plumas; usa cola blanca o pegamento para tela (no uses Super Glue, ya que endurecerá dicha parte)

¡Así de fácil!

FAIRYTALE DIORAMA

 www.wimketolsma.nl

MATERIALS / MATERIALES

Shoebox / Caja de zapatos
White paint / Pintura blanca
Glue / Pegamento
Toilet rolls / Rollos de papel higiénico
Color cardboard (brown, green) / Cartón de color (marrón, verde)
Mini fairytale figures / Mini figuras de cuento de hadas

How to:

Enchanted forest:

Take a shoebox. Preferably white, or paint it white as I did. Cut the box in the shape of a mountain landscape.

Trees and toadstools:

Cut the toilet roll into three unequal parts and glue on the brown or green coloured paper. Cut 2 indentations parallel to each other on the tree trunk part to insert the foliage. Draw a simple tree shape on coloured paper and cut out. Slide this into the slots on the toilet roll trunk. Make the mushrooms the same way.

Cómo se hace:

Bosque encantado:

Coge una caja de zapatos, preferiblemente blanca, o píntala de blanco como hice yo. Corta la caja con la forma de un paisaje montañoso.

Los árboles y setas:

Corta el rollo de papel higiénico en tres partes no iguales y pégale papel marrón o verde. Corta dos ranuras paralelas antes de la copa del árbol. Dibuja una forma de árbol sencilla en un papel de colores y córtala. Inserta la copa del árbol en las ranuras que habías hecho en el rollo de papel. Las setas se hacen del mismo modo.

RAINSTICK

Inés Bayo / Marta Ribón

MATERIALS / MATERIALES

Cardboard / Cartón
Strings / Cordeles
Straws / Pajitas
Cardboard tube / Tubo de cartón
Brush / Pincel
Scissors / Tijeras
Scotch tape / Cinta adhesiva
Rice / Arroz
Letter beads / Pinturas de colores
Feathers / Plumas

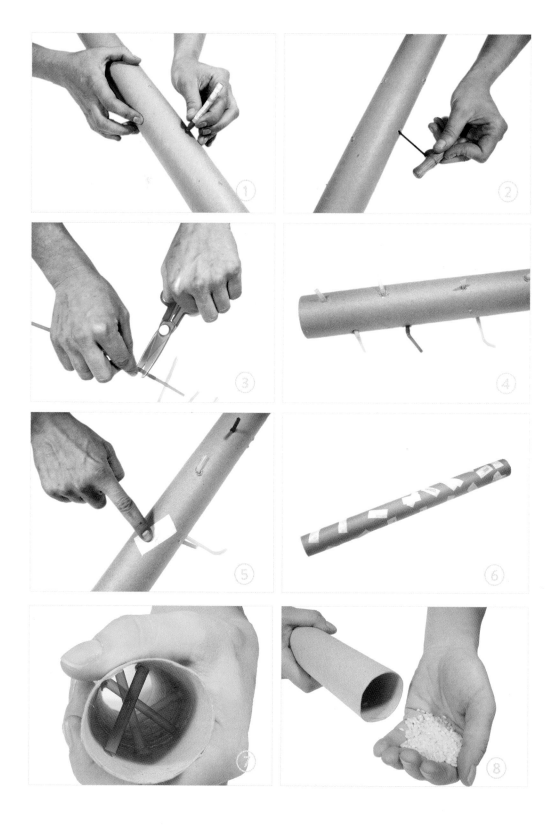

How to:

• Mark points on the tube.

• Punch holes through each point.

• Cut and fold the straws.

• Push the straws through the holes and attach sticky tape.

• The finished result, leaving all the holes well covered.

• Inside we can see all the crossed straws.

• Put rice into the tube.

Cómo se hace:

• Marca puntos en el tubo.

• Perfora los puntos.

• Cortamos y doblamos las pajitas.

• Introducimos las pajitas en los agujeros y ponemos cinta adhesiva.

• El resultado, es dejar todos los agujeros bien tapados.

• En el interior vemos todas las pajitas atravesadas.

• Introducimos arroz en el tubo.

How to:

• Cover the outside of the tube with sticky tape.

• This will make it easier to paint.

• Decorate with different colours and motifs, using the brush and coloured paints.

• Use your imagination based on the theme of aborigines and indigenous peoples.

• Fix the cords with a knot and tie on the feathers.

As the rice hits the straws it will make a sound like rain!

Cómo se hace:

• Forramos el exterior del tubo con la cinta adhesiva.

• De esta manera resultará más fácil pintarlo.

• Vamos decorando con diferentes colores y motivos, utilizamos el pincel y las pinturas de colores.

• Despierta tu creatividad inspirandote en los aborígenes y en los pueblos indígenas.

• Fija con un nudo las cuerdas y ata las plumas.

¡Al chocar el arroz con las pajitas se crea el sonido de la lluvia!

PASTA NECKLESS

www.wimketolsma.nl

MATERIALS / MATERIALES

Penne pasta uncooked / Penne pasta sin cocer
Acrylics / Acrílicos
Tassels / Borlas
Wire / Alambre
Feathers / Plumas
Beads / Cuentas abalorios

How to:
Paint the pasta in bright colours and add fun designs like polka dots, zigzags or stripes.

Let the paint dry. Take a long cord and thread the pasta. For that extra Indian effect you could lace in some nice feathers between the pasta. Insert a few beads at the tip of the feather and thread a needle hard through the feather. I used a jewellery ring, but this is not necessary. Make the chains as long as you want.

Cómo se hace:
Pinta la pasta de colores alegres y dibuja diseños divertidos como lunares, diseños geométricos o rayas.

Deja que se seque la pintura. Coge un cordón largo y mete la pasta. Para un efecto más indio, añade una pluma bonita entre medio. Pon algunos abalorios en la punta de la pluma y enhebra la pluma firmemente con una aguja. Yo usé un anillo de joyería, pero no es necesario. Puedes hacer estos collares tan largos como te apetezca.

HELLO LOVE BRACELETS

www.wimketolsma.nl

MATERIALS / MATERIALES

Beads / Cuentas abalorios
Jewelry elastic / Joyería elástica
Letter beads / Cuentas con letras

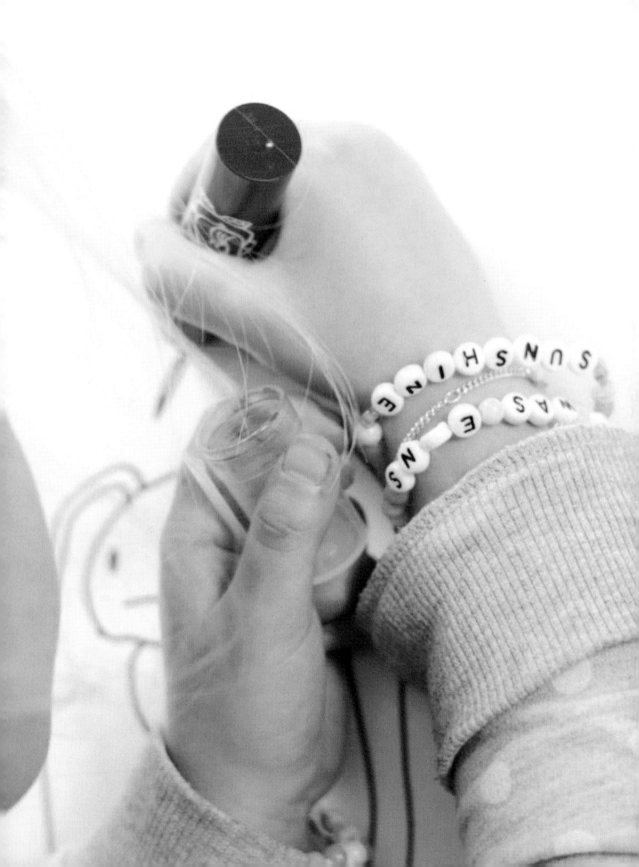

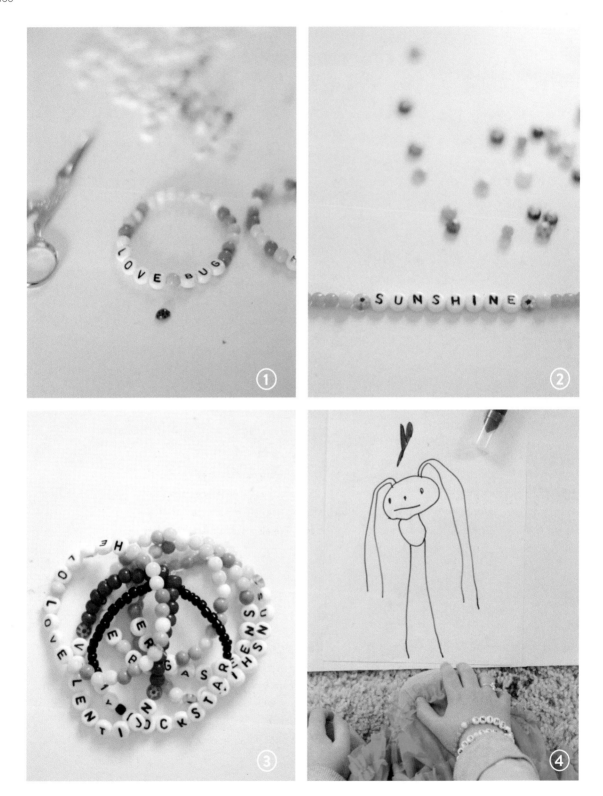

How to:

Beaded bracelets are a big favourite here. I spent a while hunting out lettered beads. It's a great idea for the girls at the summer camp to have a bracelet or necklace with their name, address and/or phone number (no more need for numbers in marker pen on their arms). Making bracelets with letter beads was great fun. We also made extra bracelets and necklaces as gifts for friends.

Cómo se hace:

Aquí se llevan un montón las pulseras de cuentas. Durante un tiempo, busqué cuentas de letras. Me parece una idea estupenda para las niñas que van a campamentos de verano llevar una pulsera o collar con su nombre, dirección y/o número de teléfono. Así se acabarían los números grandes escritos con marcador permanente en los brazos, mucho mejor una bonita pulsera. Me pareció divertido hacer bonitas pulseras con estas cuentas de letras y empaquetamos estas pulseras como regalos para nuestros amigos.

TANGRAM

Inés Bayo / Marta Ribón

MATERIALS / MATERIALES

Wood table / Tabla de madera
String / Cordel
Brush / Pincel
Sandpaper / Papel de lija
Cardboard / Cartón
Clay / Arcilla para moldear
Roll dough / Rodillo amasar
Painting / Pinturas

How to:

• Thoroughly knead a block of clay and add some water if it is too firm.

• Spread out the clay as if it were pizza dough.

• Form the ends until you have a square shape.

• Divide the clay into two sections.

• The Tangram consists of the following geometric shapes. • Once cut, let it dry.

• Using sandpaper, polish the ends until they are smooth.

• Now the most important part is complete, which will enable us to build shapes and create characters.

Time to paint!

Cómo se hace:

• Amasa bien un bloque de arcilla y añádele agua si está demasiado rígida.

• Extiende la arcilla como si de una masa de pizza se tratara.

• Pule los extremos hasta conseguir la forma de un cuadrado.

• Dividimos la arcilla en dos partes.

• El Tangram se compone de las siguientes formas geométricas. Una vez cortado dejamos secar.

• Con la ayuda de un papel de lija puliremos los extremos hasta que queden lisos.

• Ya tenemos lista la parte más importante del juego, nos permitirá construir formas y crear personajes.

¡A pintar!

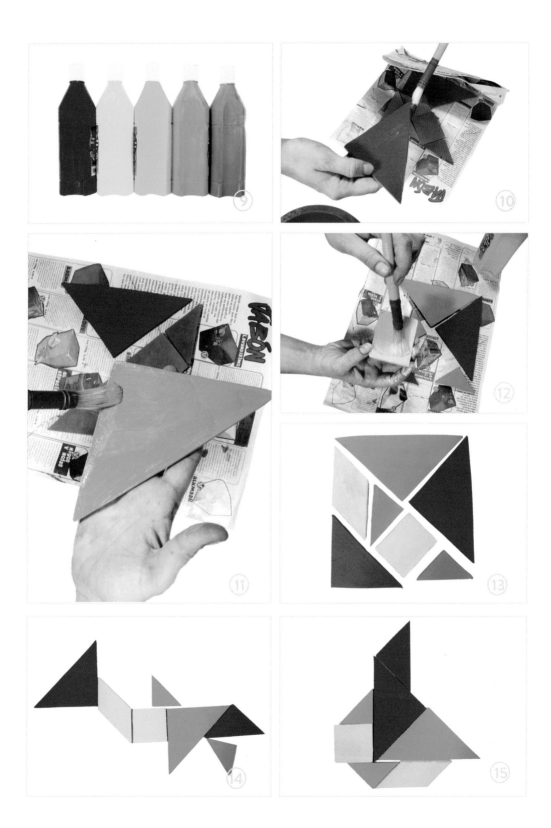

How to:

• The colours in the Tangram are very useful for building shapes. • We have to paint every piece.

• Paint a large and a medium triangle red.

• Paint the three remaining triangles green.

• Lastly, paint the remaining shapes yellow.

• You are now ready to construct countless shapes: you can make a swan, a cat, a shrimp, a boat, etc. The possibilities are endless!

Cómo se hace:

• Los colores en el tangram son muy útiles a la hora de construir figuras. Debemos pintar cada pieza.

• Pinta de color rojo un triangulo grande y el mediano.

• Pinta de color verde los tres triángulos que quedan.

• Finalmente de amarillo pinta las figuras restantes.

• Por fin esta listo para construir un sinfín de figuras, pofdrás crear un cisne, un gato, el langostino, un barco... ¡Un sinfín de figuras!.

MAGNETIC ROBOTS

www.happyprojectsdesign.com

MATERIALS / MATERIALES

Recycled cans / Latas recicladas
Magnets of different sizes / Imanes de diferentes tamaños
Pipe cleaners, washers, screws, clips, small clamps, springs, bells, scourer... /
Limpiapipas, arandelas, tuercas, tornillos, clips, pequeñas pinzas, muelles, cascabeles, estropajos...
Permanent Markers / Rotuladores permanentes
Colored pompoms, washi tape, pieces of wire... / Pompones de colores, washi tape, trozos de cable...
Small pliers / Tenazas pequeñas
Spray painting / Pintura en spray

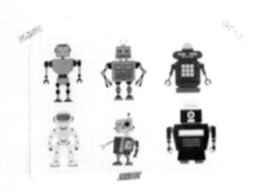
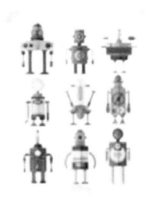

Warning!

• Ensure that the tins don't have sharp edges by pressing them down with the pliers.

• Paint some of the tins and metal parts with spray paint to give the robots a bit of colour.

Let the little ones experiment with the superpowers of the magnets: How many are needed to lift up a paper clip? And a bolt? What happens if we put them the other way round?

Once they are familiar with the materials, they can create their own! The only rule is not to use glue.

Advertencia!

• Asegúrate de que las latas no corten aplastando los bordes con las tenazas.

• Pinta algunas de las latas y parte del material metálico con la pintura en spray para dar color a los robots.

Deja que los peques experimenten con los superpoderes de los imanes: ¿cuántos hacen falta para levantar un clip?. ¿Y una tuerca?. ¿Qué pasa si los ponemos del revés?

Una vez familiarizados con el material... ¡A crear!
La única condición: no usar pegamento.

How to:

• Choose the tins to make up the robot's body: you can join several together or add bolts as legs.
• Give it a face: either put the magnets on the outside of the tin or conceal on the inside. Make the eyes using small nuts or washers...
• Want to comb its hair? Use wire wool for hair or make ringlets using coloured pipe cleaners.

Cómo se hace:

• Elige las latas que configurarán el cuerpo del robot: puedes unir varias con imanes o añadir tuercas a modo de piernas.
• Ponle cara: ubica los imanes en la cara exterior de la lata u ocúltalos en su interior. Crea los ojos con pequeñas tuercas, arandelas...
• ¿Lo peinamos? Usa estropajos a modo de pelo o crea tirabuzones con limpiapipas de colores.

How to:

• Devise ways of adding non metallic elements (remember, no glue allowed!): pompoms and coloured wires will look great on your robot.

• Add the final touches with stickers or draw on little details with permanent marker pens.

• When you're tired of a robot, simply redesign them!

Cómo se hace:

• Ingéniatelas para añadir algún elemento no metálico (y recuerda, ¡sin usar pegamento!): los pompones y cables de colores darán un aspecto muy divertido a tu robot.

• Añade los últimos retoques con pegatinas o dibuja pequeños detalles con rotuladores permanentes.

• Y si te cansas de ellos… ¡Rediséñalos!

GALACTIC CRAFTS

www.happyprojectsdesign.com

MATERIALS / MATERIALES

Plastic packaging / Envases de plástico
Pieces of cardboard recycling / Trozos de cartón reciclado
Cups and plastic plates / Vasos y platos de plástico
Colored pompoms / Pompones de colores
Sticker star / Pegatinas de estrellas
Ear sticks / Bastoncitos para las orejas
Sticks and craft sticks / Palillos y palitos de madera
Straws / Pajitas
White glue or hot glue gun / Cola blanca o pistola de cola caliente
Stapler / Grapadora
Balls Porex / Bolas de Porex

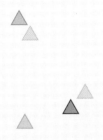

How to:

• Decide what type of spaceship you wish to build, and find the right selection of containers to construct it:

a. Rockets can be easily built out of a combination of bottles and plastic glasses.

b. For flying saucers use plates and transparent bowls.

c. Other spaceships can be built using dessert or yoghurt pots etc.

Cómo se hace:

• Elige con qué aeronave quieres explorar el espacio y busca los envases adecuados para construirla:

a. Los cohetes pueden surgir de la combinación de una botella o un vaso de plástico con la parte superior de una copa.

b. Para los platillos volantes servirán dos platos llanos y un bol transparente.

c. Para otras naves espaciales puedes usar envases de flan, de yogurt...

184

How to:

• Before sticking the parts together, why not paint them first? Decorate the inside of any transparent pieces to give a better finished effect.

• Stick the containers together using white glue or a hot glue gun: for the flying saucers you could staple plates together.

• Add wings using cardboard, and spaceship landing gear with straws or cotton buds.

• Personalize your spaceship with star stickers and coloured pompoms.

Cómo se hace:

• Antes de pegar los componentes, ¿por qué no pintarlos?: decora la cara interior de los plásticos transparentes para conseguir un mejor acabado.

• Pega los envases entre sí con cola blanca o con la pistola de cola caliente; para los platillos volantes puedes grapar los dos platos.

• Añade alerones con trozos de cartón, patas galácticas con pajitas o bastoncitos higiénicos.

• Personaliza tu nave con pegatinas de estrellas y pompones de colores.

DARTBOARD

Inés Bayo / Marta Ribón

MATERIALS / MATERIALES

Corks / Tapones de corcho
String / Cordel
Brush / Pincel
Velcro / Velcro
Cardboard / Cartón
Scissors / Tijeras
Painting / Pinturas
Colored felt / Fieltro de colores

How to:
- Carefully cut out a circle, as this will be the support for our dartboard.
- Use the stencil to mark the green felt.
- Once cut, glue it to the cardboard.
- Choose the colours of the "target" and cut them with smaller and smaller circumferences.
- Paste each piece on top of the other, forming concentric circles.
- You should write the score corresponding to each colour, based on its difficulty.
- Tie a string at the top part of the target so you can hang it.
- Now it's ready to go!
- Insert the crescent shaped pieces into the cuts you made.
- The tip will be a cork. To paste it, be sure to smear the surface with plenty of glue.
- In order for it to stick, glue a round piece of velcro to the tip of the dart.

Start throwing!

Cómo se hace:
- Recortar una redonda con precisión, será el soporte de nuestra "diana".
- Utilizamos la plantilla para marcar el fieltro verde.
- Una vez recortado, utilizar pegamento blanco para pegar al cartón.
- Elige los colores de la "diana" y recorta circunferencias cada vez más pequeñas.
- Pega cada circunferencia dentro de la anterior formando círculos concéntricos.
- Debes escribir la puntuación que corresponda a cada color, según su dificultad.
- Anuda con un cordón en la parte superior de la diana para poder colgarla.
¡Lista para el lanzamiento!
- Insertar las media lunas en los cortes que has hecho.
- La punta será un tapón de corcho. Debes pegarlo, unta bien la superficie de pegamento blanco.
- Para que se adhiera, pega un trozo redondo de velcro en la punta del dardo.

¡Lista para los primeros lanzamientos!